Ce livre appartient à

_____

Offert par

_____

le

_____

L'HISTOIRE BIBLIQUE POUR LES TOUT-PETITS

Par John et Kim Walton

Traduction: Rejean Laflamme

Illustrations: Alice Craig

Chariot Books est une édition de David C. Cook Publishing Co.
David C. Cook Publishing Co., Elgin, Illinois 60120
David C. Cook Publishing Co., Weston, Ontario
Nova Distribution Ltd., Newton Abbot, Angleterre

L'HISTOIRE BIBLIQUE POUR TOUT-PETITS
©1993 par David C. Cook Publishing Co.

Les versets bibliques contenus dans ce livre sont adaptés de la Bible en Français Courant.

Traduction: Réjean Laflamme, Martine McQuade
Mise en page: Victor McQuade

ISBN 0-7814-1544-6

Des parties de ce livre ont déjà paru en anglais:
©1986 God annd the World He Made; Abraham and His Big Family; Moses and the Mighty Plagues; and, Jonah and the Big Fish;
©1987 Adam and Eve in the Garden; Samuel and the Voice in the Night; David Fights Goliath; Jeroboam and the Golden Calves; Elijah and the Contest; Daniel and the Lions; Jesus, God's Son is Born; and, Paul and the Bright Light.

Library of Congress Cataloging-in Publication Data

Walton, John H., 1952-
    [Tiny tots Bible story book.   French]
    L'histoire bibliques pour les tout-petits / par John et Kim Walton; traduction, Réjean Laflamme ; illustrations, Alice Craig.
         p.   cm.
    "Chariot books."
    ISBN 0-7814-1544-6
    1. Bible stories, French.   I. Walton, Kim.   II. Craig, Alice, ill.
III. Title.
[BS553.2.W3514   1994]
220.9'505—dc20

Table des Matières

Il a fait la terre

et les océans.

Dieu a fait les plantes
et les arbres qui croissent
sur la terre.

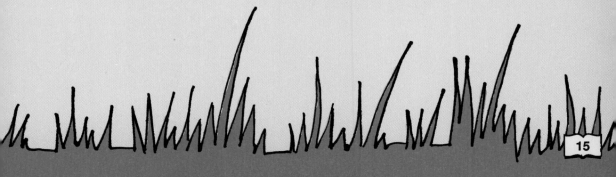

**Dieu a fait le soleil,
la lune et toutes les étoiles
pour éclairer la terre.**

16

17

Dieu a fait les oiseaux qui volent dans le ciel

et les poissons qui nagent dans l'eau.

19

Dieu a fait
les animaux,

21

des animaux
de toutes
sortes!

22

Et puis...

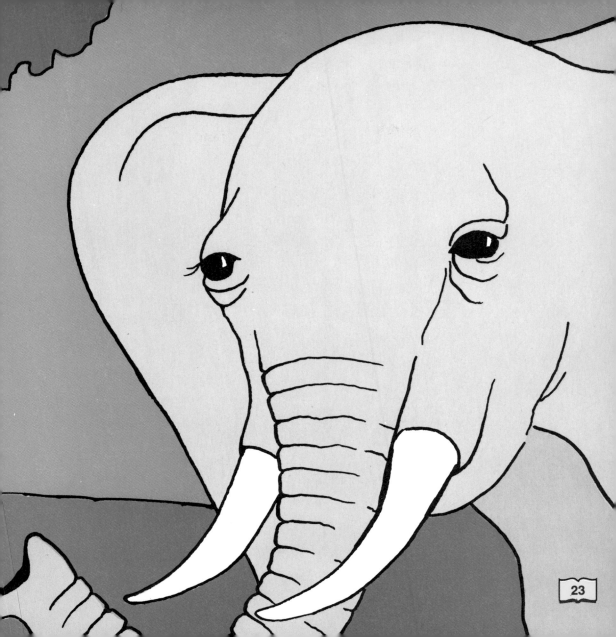

23

Dieu a fait les personnes.

De tout ce que Dieu a fait,
les personnes Lui ressemblaient
le plus. Il a tout créé pour elles.

Les premières personnes

s'appelaient Adam et Eve.

Dieu les plaça dans un
beau et grand jardin et
leur demanda d'en
prendre soin.

**Puis Dieu
avait fini
la création,**

alors Il s'arrêta.

**Dieu vit que
tout ce qu'Il
avait fait
était bon.**

Dieu t'a fait, toi aussi.

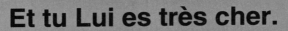

Et tu Lui es très cher.

**Dieu vit tout ce qu'Il avait fait
et c'était très bon.**
Genèse 1.31

1. Qu'est-ce que Dieu a fait ?

2. Qui Lui est très cher?

Adam et Eve
dans le jardin

Adam et Eve sont les premières personnes que Dieu a faites.

Il les avait placés dans un grand
jardin pour qu'ils y vivent.

43

Dieu avait planté beaucoup d'arbres fruitiers dans le jardin.

**Le fruit d'un de ces arbres
permettait à Adam et à Eve de vivre
aussi longtemps qu'ils le voudraient.**

Le fruit d'un autre arbre
les aiderait à comprendre tout
ce que Dieu avait fait.

49

**Même si Adam et Eve
ne comprenaient pas beaucoup
de choses, Dieu leur dit ne pas
manger de cet arbre.**

51

Dieu dit que s'ils désobéissaient et mangeaient de cet arbre, ils devraient mourir.

53

Mais un serpent leur dit que
s'ils en mangeaient
ils comprendraient tout.

Ils seraient comme Dieu.

55

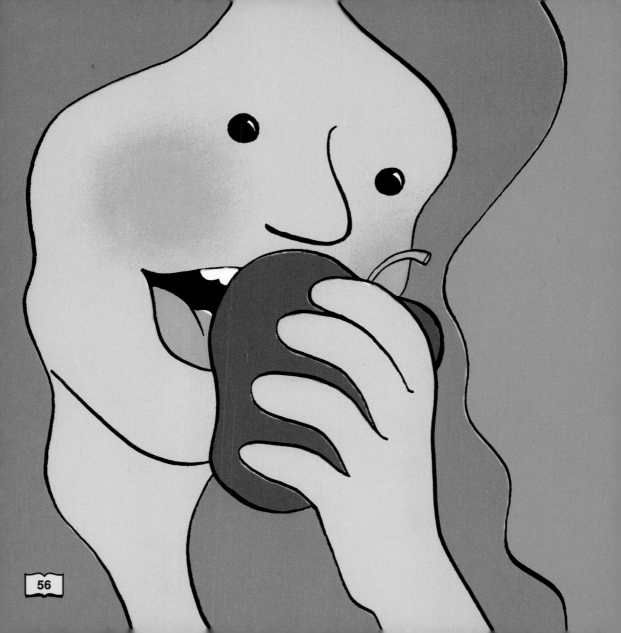

Adam et Eve écoutèrent
le serpent plutôt que Dieu.
Ils mangèrent du fruit.

Maintenant ils comprenaient
beaucoup plus de choses.

Adam et Eve
savaient qu'ils avaient
eu tort de désobéir.

61

Dieu était triste et leur dit qu'ils devaient quitter le jardin.

62

63

64

Ils ne pouvaient plus manger
de l'arbre qui les aidait à vivre aussi
longtemps qu'ils le voulaient, aussi ils
vieillirent et moururent.

Il vaut mieux obéir à Dieu
et suivre sa volonté.

J'obéirai à la parole de Dieu.
Psaume 119.17.

1. Qui étaient les premières personnes
   que Dieu a faites?

2. Quelle action Adam et Eve firent-ils
   qui déplut à Dieu?

Noé
et le Déluge

Il y a longtemps, très longtemps,
les gens sur la terre étaient très méchants.
Ils étaient si méchants que Dieu regrettait
de les avoir faits.

La seule personne qui était bonne était Noé.

73

Dieu décida d'envoyer un grand déluge pour punir les gens de la terre.

Mais d'abord, Il avertit Noé de construire un grand bateau, une arche, pour le sauver lui, sa famille et des animaux.

Alors Noé construisit l'arche et

y plaça deux animaux de chaque espèce.

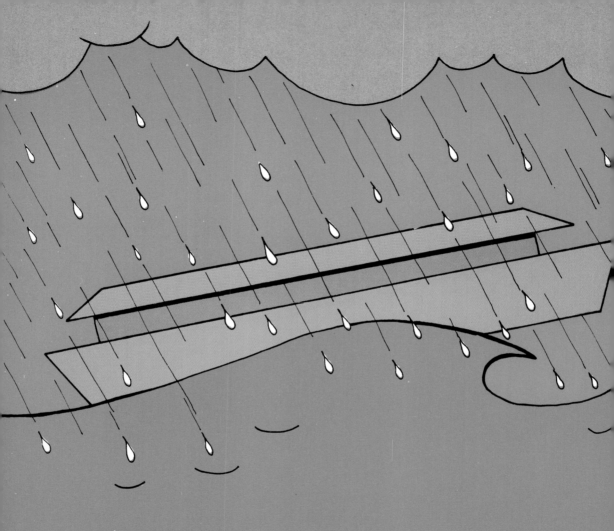

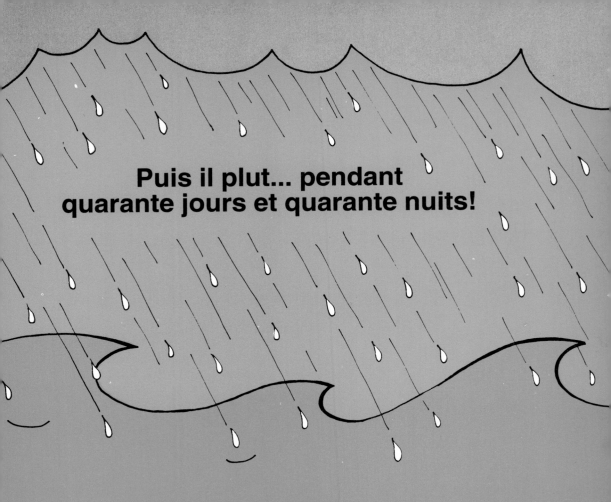

Puis il plut... pendant quarante jours et quarante nuits!

Lorsque tout sur terre fut inondé, la pluie s'arrêta.

Il n'y avait plus que
Noé et sa famille
sur la terre.

**Quand l'eau commença
à descendre, l'arche s'arrêta
sur une montagne.**

Quelque temps après, Noé envoya des oiseaux pour voir s'il pouvait quitter l'arche.

89

90

Enfin la terre était assez sèche
pour que tous puissent
sortir de l'arche.

Noé et sa famille remercièrent
Dieu de les avoir protégés.

94

Dieu leur montra un arc-en-ciel
comme signe qu'il ne détruirait
plus la terre par
un déluge.

**Rien ne rend Dieu plus triste que d'avoir
à punir les personnes qu'il a faites
et qu'il aime.**

Noé fit tout ce que Dieu lui avait demandé.
Genèse 7.5

1. Qu'est-ce que Dieu demanda à Noé de construire ?

2. Pendant combien de jours et de nuits est-ce que la pluie tomba?

3. Qu'est-ce que Noé et sa famille firent après leur sortie de l'arche?

Abraham

et sa grande famille

**Abraham vivait avec sa famille
dans la ville d'Ur.**

101

Un jour, Dieu demanda à Abraham
de faire quelque chose de difficile.

104

Il lui demanda de quitter
son pays, sa famille et la part des
biens de la famille qui devait lui revenir.

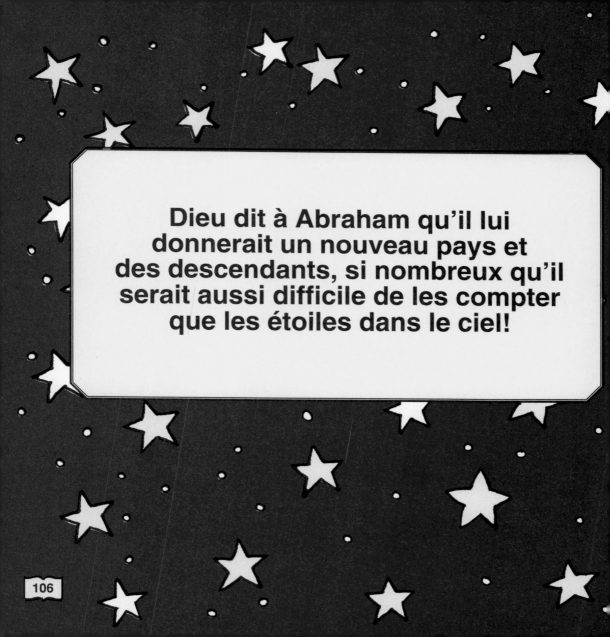

Dieu dit à Abraham qu'il lui donnerait un nouveau pays et des descendants, si nombreux qu'il serait aussi difficile de les compter que les étoiles dans le ciel!

108

**Dieu dit qu'un jour,
à cause de la famille
d'Abraham, le monde entier
connaîtrait le bonheur.**

**Abraham crut Dieu
et quitta son pays
avec sa femme, Sara.**

111

Dieu conduisit Abraham
et Sara dans un pays
qui appartiendrait un jour
à leur famille.

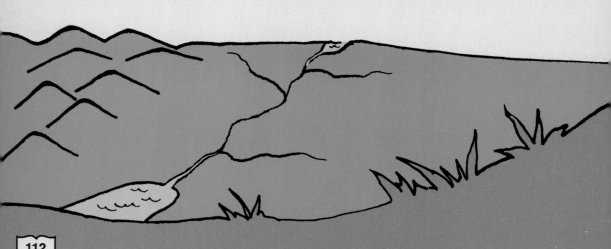

Mais Abraham et Sara devenaient vieux et n'avaient pas encore d'enfants.

**Enfin, lorsqu'ils étaient très âgés,
ils eurent un fils
qu'ils nommèrent Isaac.**

**Comme il l'avait promis, au cours des
années, Dieu donna à Abraham
une grande famille.
Ses enfants s'appelèrent les Israélites.** 119

120

**Comme Il l'avait promis, Dieu donna
aux Israélites un nouveau pays,
Canaan, qui devint leur pays.**

Longtemps, très longtemps après,
un enfant naquit dans la famille
qui descendait d'Abraham.
C'était Jésus!

Comme Dieu l'avait promis, le monde entier fut plus heureux. Car, à cause de la famille d'Abraham, nous avons maintenant la façon de connaître Dieu.

126

C'est intelligent de croire
ce que Dieu dit. Car IL tient
toujours ses promesses.

**Le Seigneur est fidèle
à toutes ses promesses.**
Psaume 145.13

1.   Qu'est-ce que Dieu dit à Abraham ?

2.   Qu'est-ce que Dieu fait toujours ?

Moïse
et les Grandes Plaies d'Egypte

Le peuple d'Israël était esclave dans le pays d'Egypte.

130

131

**Dieu dit à Moïse
de conduire les Israélites
hors d'Egypte vers le pays
qu'Il leur avait promis.**

133

**Mais Pharaon, le roi d'Egypte,
ne voulait pas laisser les Israélites partir.**

**Moïse avertit Pharaon
que Dieu enverrait
des plaies sur l'Egypte
s'il ne les laissait
pas partir.**

**D'abord l'eau
se changea en sang.**

**Puis il y eut des grenouilles,
des moucherons**

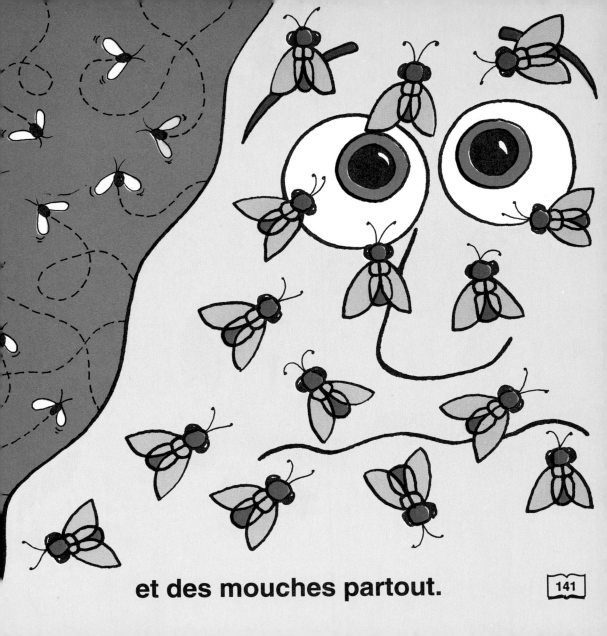

et des mouches partout.

Mais Pharaon ne voulait
toujours pas céder.

Le bétail mourut

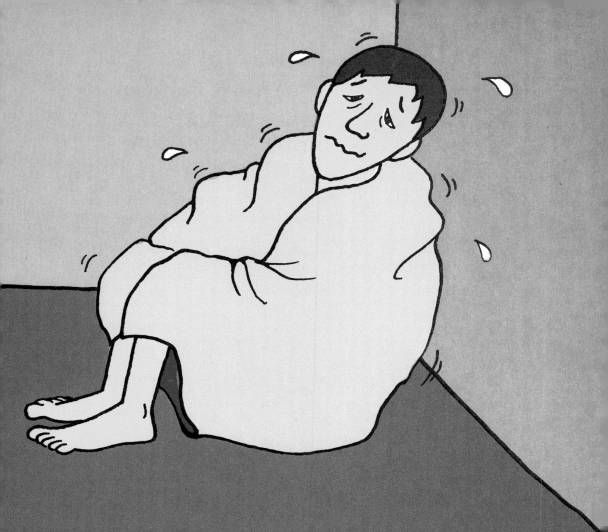

et les Egyptiens tombèrent malades.

La grêle tomba, puis
des sauterelles arrivèrent en
grand nombre et ensuite
il y eut l'obscurité en plein jour.

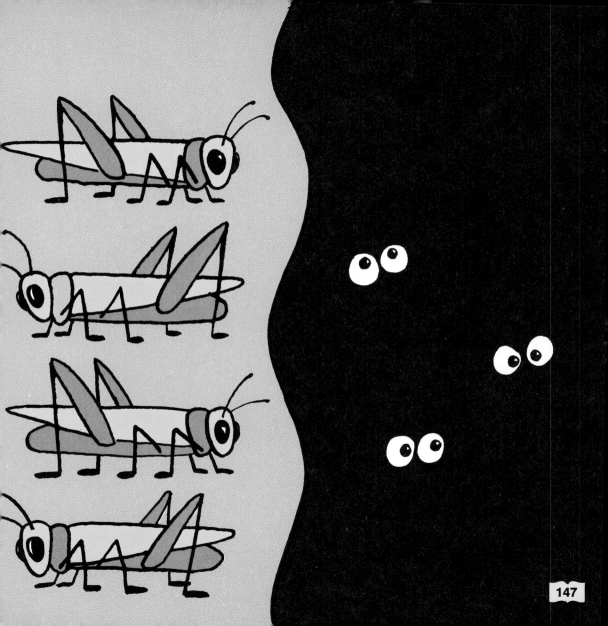

Et Pharaon disait
toujours non.

Enfin la dernière plaie arriva:
Dieu dit à Pharaon que
le premier-né de
chaque famille mourrait.

Après la dernière plaie, Pharaon laissa enfin partir les Israélites.

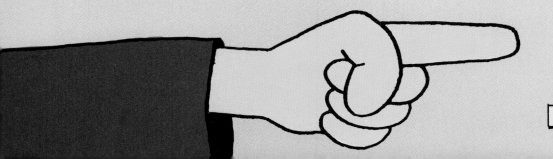

Dieu avait délivré son peuple, comme il l'avait promis.

154

155

**Dieu est si fort que
rien ne peut l'empêcher
d'accomplir ses promesses.**

Toutes les promesses de Dieu s'accomplissent.
Josué 23.14.

1. Qu'est-ce que Dieu a dit à Moïse de faire ?

2. Nomme quelques plaies que Dieu envoya aux Egyptiens ?

3. Qu'est-ce que Dieu accomplit toujours ?

Samuel

et la voix dans la nuit

160

**Samuel vivait dans le temple
d'une ville en Israël.**

Samuel y vivait depuis
qu'il était tout petit.
Il aidait Eli, le prêtre.

Une nuit, alors que Samuel dormait
dans le temple, il entendit quelqu'un
appeler son nom. Il pensait
que c'était le prophète.

165

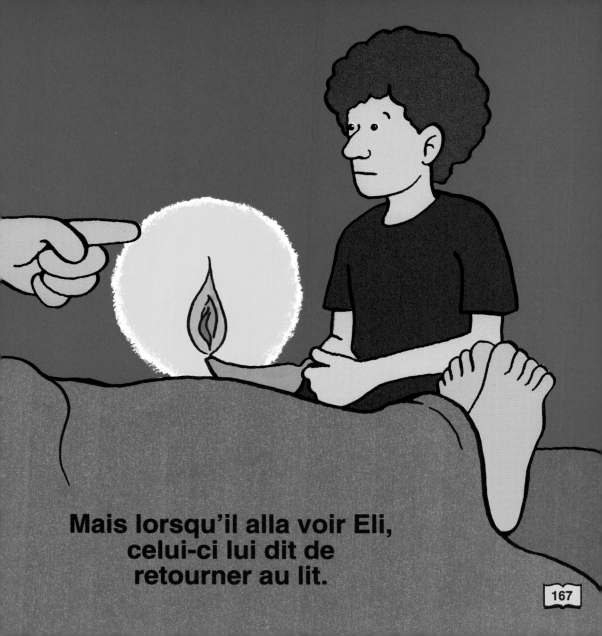

Mais lorsqu'il alla voir Eli,
celui-ci lui dit de
retourner au lit.

167

Puis Samuel entendit appeler son nom encore une fois.

170

Mais cette fois, Eli lui dit qu 'il ne l'avait pas appelé.

Quand Samuel vint une troisième fois,
Eli comprit que c'était le Seigneur
qui appelait Samuel.

175

**Cette fois, quand Samuel
entendit son nom, il dit:
"Parle, Seigneur. J'écoute."**

Le message du Seigneur
ne réjouit pas Samuel.

Le Seigneur lui annonçait qu'il
allait punir la famille d'Eli parce
qu'elle ne le respectait pas.
Les fils d'Eli avait désobéi à la loi de Dieu.

Le matin suivant, Samuel devait répéter
à Eli ce que le Seigneur lui avait dit.

**Dieu parla souvent à Samuel après cette
nuit-là. Tous les gens comprirent que Dieu
l'avait choisi comme chef pour Israël.**

Dieu a des tâches spéciales pour ceux qui écoutent et obéissent.

Ecoutez Dieu.
Deutéronome 30.20.

1. Qui appela Samuel par son nom
    pendant la nuit?

2. Qu'est-ce que Samuel dit au Seigneur?

3. Qui Dieu choisit-il pour des
    tâches spéciales?

David

combat Goliath

190

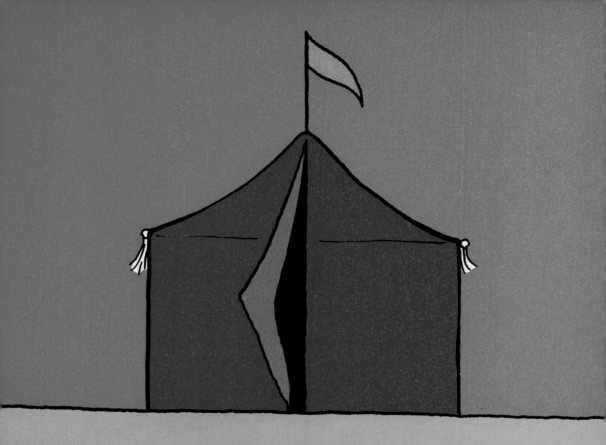

Le roi Saül et le peuple d'Israël étaient en guerre contre les Philistins.

David ne participait pas à la guerre.
Il restait chez lui et s'occupait
des moutons.

**Quelquefois le père de David
l'envoyait au camp de l'armée pour voir ce
que ses frères qui étaient soldats faisaient.**

David aimer entendre les histoires de la guerre.

A l'une de ses visites, David entendit parler d'un guerrier philistin nommé Goliath, qui était grand et fort.

**Goliath voulait que les Israélites
envoient quelqu'un se battre contre lui
mais ils avaient tous peur.**

David croyait que le Seigneur l'aiderait, aussi offrit-il de se battre contre Goliath.

Le roi Saül avertit David que Goliath était soldat depuis très longtemps et excellait au combat.

Mais David était confiant que le Seigneur lui donnerait la victoire.

Quand Saül offrit son armure à David, celui-ci refusa parce qu'il n'avait pas l'habitude de se battre avec une armure.

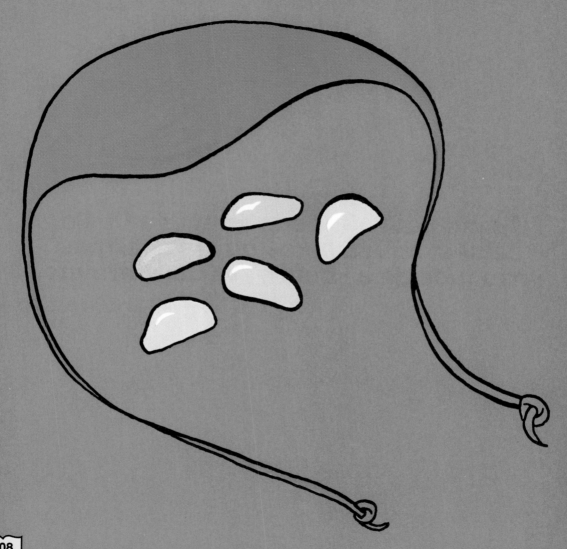

David savait bien, par contre, se battre avec une fronde. Il s'en était souvent servi pour protéger ses brebis.

David prit sa fronde
et alla affronter Goliath.

**Quand Goliath aperçut David,
il se moqua de lui.**

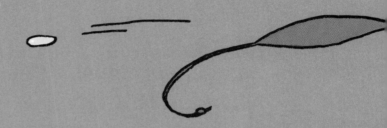

**Mais David utilisa sa fronde
et le Seigneur lui donna la victoire.**

David avait raison de croire que le Seigneur était le plus fort de tous.

Le Seigneur est grand.
Psaume 147.5

1. De quoi David se servit-il pour combattre Goliath ?

2. Qui aida David à combattre Goliath?

3. Qui était plus fort, Goliath ou le Seigneur?

Jéroboam

et les veaux d'or

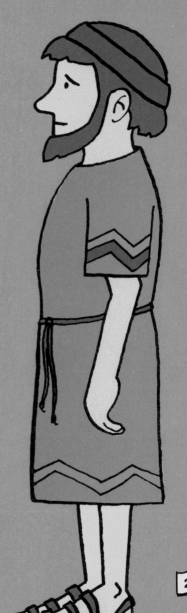

Jéroboam était l'un
des plus hauts officiers
du roi Salomon dans
le pays d'Israël.

Un jour, un prophète nommé Achija
vint rendre visite
à Jéroboam.

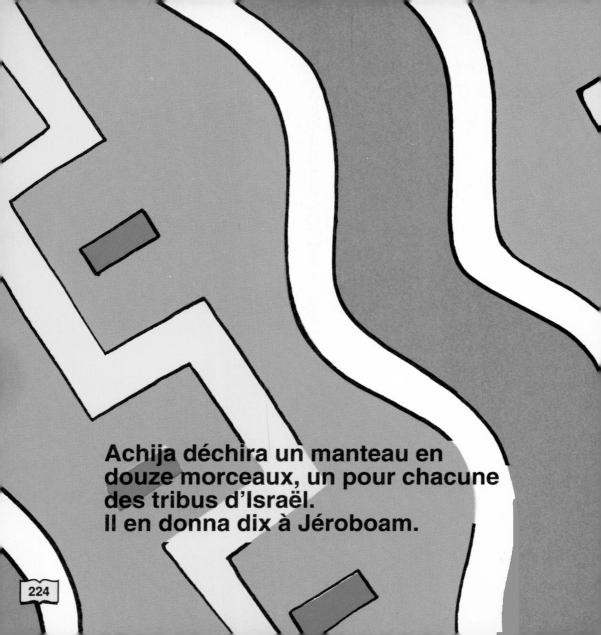

Achija déchira un manteau en
douze morceaux, un pour chacune
des tribus d'Israël.
Il en donna dix à Jéroboam.

224

225

Achija dit que le Seigneur allait établir Jéroboam roi de ces dix tribus après la mort de Salomon.

Quand le roi Salomon apprit la chose,
il fut très en colère. Il voulait que *son* fils règne
après lui. Jéroboam dut s'enfuir
très vite du pays.

Mais après la mort de Salomon, Jéroboam devint roi des dix tribus. Les deux autres appartinrent au fils de Salomon, Roboam.

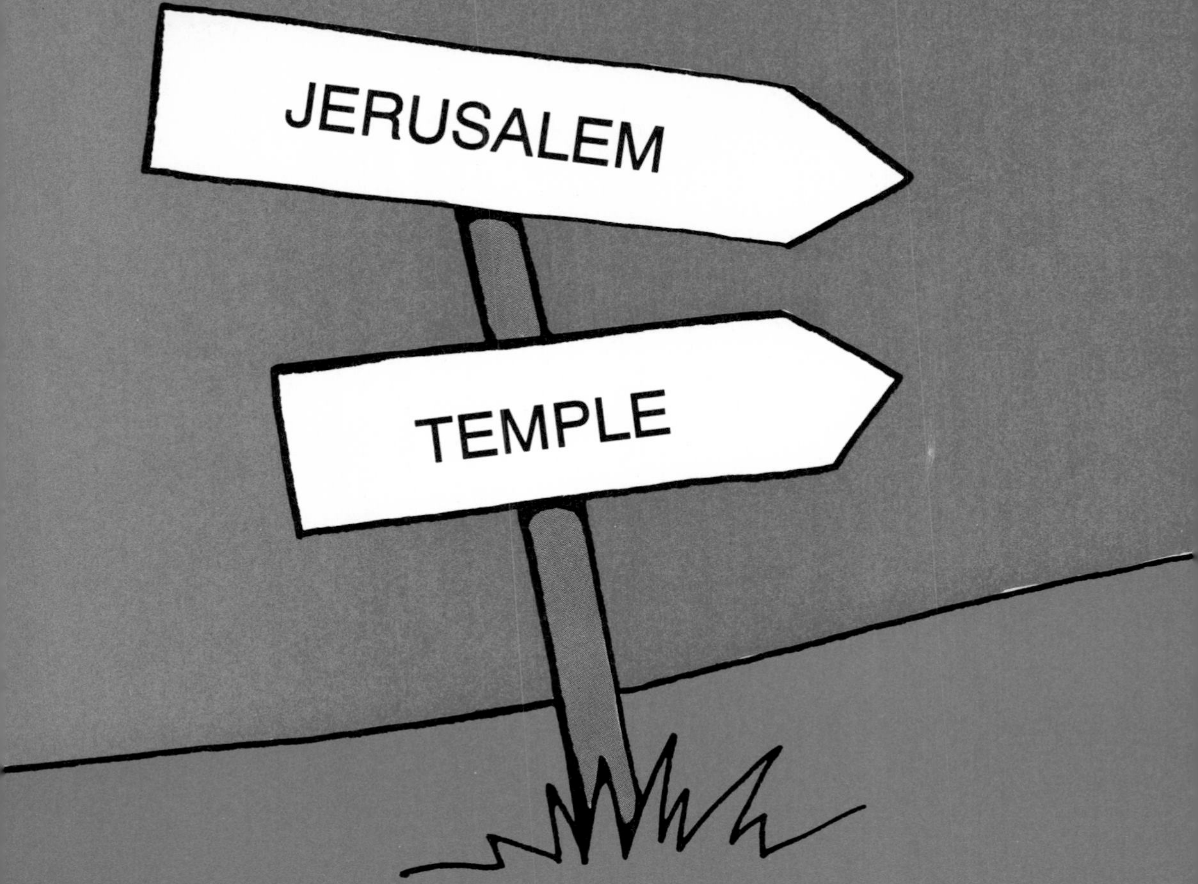
JERUSALEM
TEMPLE

Jéroboam ne voulait pas que ses tribus aillent au temple de Jérusalem, où le fils de Salomon, Roboam, était roi.

233

Alors il fit faire des veaux d'or
dans les deux temples où
ses gens faisaient leur culte.
Les veaux devaient être des
trônes pour le Seigneur.

Jéroboam pensait que ce qu'il faisait était bien mais c'était une mauvaise façon d'adorer le Seigneur.

Les gens commencèrent à penser que les veaux eux-mêmes étaient des dieux.

Puis le prophète Achija revint... et se mit en colère! Il dit à Jéroboam que le Seigneur était irrité à cause des veaux d'or.

240

241

242

Mais Jéroboam n'enleva pas les veaux d'or. Ni aucun des rois d'Israël qui régna après sa mort.

Dieu dut finalement punir les gens d'Israël parce qu'ils ne L'avaient pas reconnu comme le seul vrai Dieu.

Il est très important d'adorer Dieu
de la bonne façon. C'est toujours
une grave erreur que de penser qu'on
peut Lui faire faire ce qu'on veut.

Tu adoreras le Seigneur ton Dieu.
Deutéronome 6.13

1.   Qu'est-ce que le prophète donna
     à Jéroboam ?

2.   Qu'est-ce que Jéroboam fit pour que
     le peuple adore ?

Elie

et le défi

Elie était un prophète
du Seigneur en Israël. Dieu
transmettait des messages par lui.

Le roi et la reine d'Israël se nommaient Achab et Jézabel.

Achab et Jézabel voulaient
que tout Israël adore
un faux dieu, Baal,
aussi bien que le Seigneur.

Baal était censé être
le dieu de la pluie et
des éclairs. Il devait aider
les semences à pousser.

Mais le Seigneur dit que le peuple devrait l'adorer lui seul et non Baal.
Elie dit au roi Achab que le Seigneur empêcherait la pluie de tomber pour qu'aucune semence ne pousse.

**Le Seigneur empêcha la pluie
de tomber pendant très longtemps
pour montrer au peuple que
Baal n'était pas vraiment un dieu.**

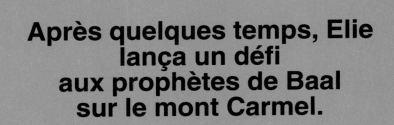

Après quelques temps, Elie
lança un défi
aux prophètes de Baal
sur le mont Carmel.

Les prophètes de Baal
offrirent un sacrifice
sur l'autel de Baal.
Ils prièrent pour que
Baal envoie le feu
consumer ce sacrifice.

Ils prièrent toute la journée,
mais le feu ne vint pas.

**Puis Elie offrit un sacrifice
sur l'autel du Seigneur.**

Elie versa de l'eau sur l'offrande.

Quand Elie pria, le Seigneur envoya le feu immédiatement.

Puis le Seigneur dit
que la pluie tomberait.
Et elle vint.

Il n'y a pas d'autre Dieu que le Seigneur. C'était vrai au temps d'Elie et c'est vrai aujourd'hui.

Le Seigneur — il est Dieu!
1 Rois 18.39

1. Comment s'appelait le prophète de Dieu ?

2. Qui est-ce que le roi et la reine voulaient que le peuple adore ?

Daniel
et les lions

Daniel était l'un des
trois grands conseillers
de l'empire perse.

Darius, le roi, préférait
Daniel, aussi les autres conseillers
étaient-ils jaloux de lui.

Ils essayaient toujours de prendre Daniel en défaut.

Mais ils ne le pouvaient pas, parce que Daniel essayait toujours de faire ce que Dieu voulait de lui.

285

Trois fois par jour, Daniel priait
le seul vrai Dieu. Les autres conseillers
décidèrent de se servir de cela
pour faire du tort à Daniel.

287

Ils obtinrent du roi Darius
qu'il donne un ordre
qu'ils utiliseraient pour
nuire à Daniel.

289

**Quiconque désobéirait
à cet ordre serait
jeté dans la fosse
aux lions.**

Le jour suivant, lorsque Daniel vint prier, les mauvais conseillers s'emparèrent de lui et l'amenèrent à Darius.

293

Ils dirent au roi que Daniel avait
désobéi à l'ordre donné et devait
être jeté dans la fosse aux lions.

Darius était très triste,
parce qu'il ne voulait pas
faire de tort
à son ami Daniel.

Mais Darius n'avait
aucun moyen d'aider
Daniel. Aussi Daniel
fut-il jeté dans
la fosse
aux lions.

Mais Dieu protégea Daniel et les lions ne lui firent aucun mal.

Darius se réjouit de voir Daniel sain et sauf. Il punit les mauvais conseillers qui avaien essayé de faire du mal à Daniel.

Darius donna un ordre pour que tout le monde rende hommage au Dieu de Daniel.

Dieu protégea Daniel parce que celui-ci essayait toujours de faire sa volonté.

Dieu sauva Daniel de la fosse aux lions.
Daniel 6.27

1. Combien de fois par jour est-ce que Daniel priait Dieu ?

2. Que firent certains hommes à Daniel parce qu'il priait Dieu ?

3. Que fit Dieu pour aider Daniel ?

Jonas
et le grand poisson

**Dieu dit à Jonas d'aller
parler au peuple
de Ninive.**

Jonas ne voulait pas parler
à ces gens, aussi s'enfuit-il. Il monta
dans un bateau qui partit très loin.

313

Mais Dieu envoya une grande tempête et tout le monde avait peur.

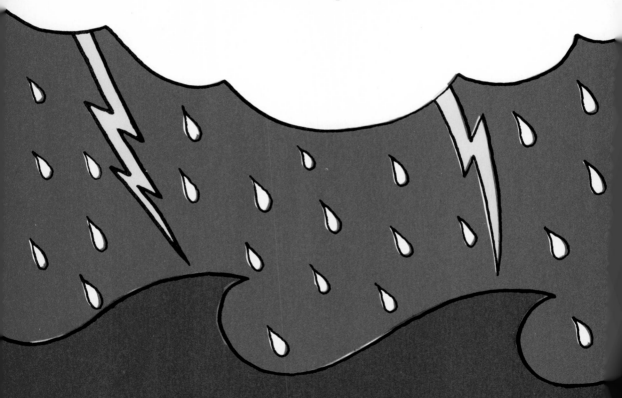

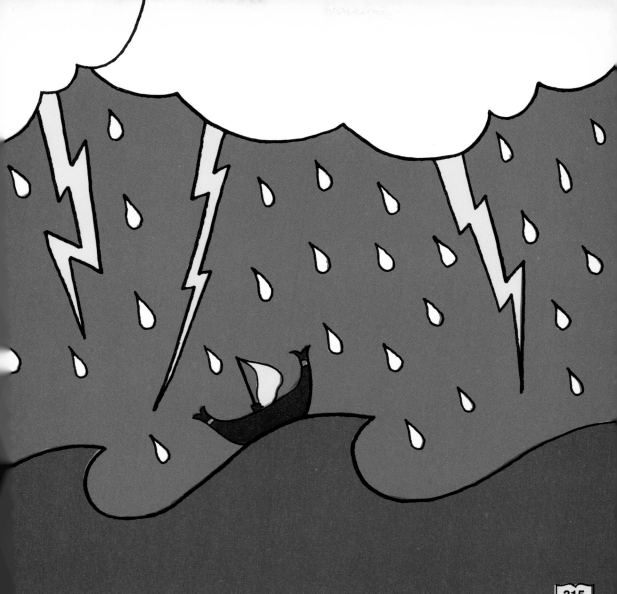

Jonas dit aux marins de le
jeter à la mer pour que Dieu
arrête la tempête.

317

Jonas pensa
se noyer.

**Mais Dieu envoya
un grand poisson le sauver.**

Jonas était content d'être en vie,
mais il ne voulait toujours
pas aller à Ninive.

Encore une fois Dieu dit à Jonas
d'aller parler aux gens de Ninive.
Cette fois Jonas obéit, même
s'il n'en avait pas envie.

Jonas annonça : "Dans quarante jours, votre ville sera détruite."

327

Les gens pensèrent:
"Si nous devenons bons, peut-être
que Dieu ne détruira pas notre ville."

Dieu vit qu'ils essayaient
d'être bons, aussi les aida-t-il
en leur accordant une autre chance.

MERCI!

331

Jonas était en colère.

Il ne croyait pas que les gens de Ninive méritaient une autre chance simplement parce qu'ils étaient devenus bons.

Mais Dieu montra à Jonas
qu'il ne devait pas se mettre
en colère, parce que parfois lui aussi,
il avait besoin de l'aide de Dieu.

**Dieu aime nous aider
en nous donnant une autre chance
lorsque nous voulons lui obéir.**

Obéis au Seigneur ton Dieu.
Jérémie 26.13

1. Qu'est-ce que Dieu dit à Jonas de faire ?

2. Qu'arrive-t-il à Jonas parce qu'il n'a pas obéi à Dieu ?

Jésus,
le Fils de Dieu est né

339

Marie et
Joseph
attendaient
un enfant.

Un ange leur annonça que leur enfant serait le Fils de Dieu.

341

Juste avant la naissance
de l'enfant, Marie et Joseph
durent partir pour Bethléem.

343

**Une fois arrivés à Bethléem,
il ne trouvèrent aucun
endroit où loger.**

Enfin ils trouvèrent
une étable et c'est là que
l'enfant fut né !

Marie et
Joseph l'appelèrent
Jésus.

Les anges répandirent la nouvelle de cette heureuse naissance, celle du Fils de Dieu.

Les bergers entendirent la nouvelle
par les anges et accoururent
voir l'enfant Jésus.

Ils
l'adorèrent.

**Même les étoiles annoncèrent
cette bonne nouvelle
à leur façon.**

Dans un pays très loin de là, des mages, hommes très savants, virent une étoile mystérieuse dans le ciel.

**Ils surent qu'un
roi était né, Jésus !**

Ces mages vinrent lui apporter des présents pour l'honorer.

Dieu qui naît comme
un petit enfant! C'était l'événement
le plus important
qui soit jamais arrivé...

**Parce que Jésus est la partie
la plus importante du plan merveilleux
de Dieu pour le monde.**

Le Sauveur est né à Bethléem.
Luc 2.11

1. Où Jésus est-il né ?

2. Qui vint voir le nouveau bébé ?

3. Qui apporta des présents à l'enfant Jésus ?

Jésus
et le tombeau ouvert

Plusieurs personnes entendirent Jésus enseigner, mais certaines d'entre elles n'aimaient pas Jésus. Elles ne croyaient pas qu'il était le Fils de Dieu.

Ceux qui n'aimaient pas Jésus vinrent le saisir une nuit pendant qu'il priait.

Quand ils ramenèrent Jésus
à Jérusalem, ils se moquèrent
de lui et le frappèrent.

Puis ils l'amenèrent sur
une colline pour le pendre
à une croix et l'y laisser mourir.

Il est triste de penser
que le Fils de Dieu
fut cloué à une croix.

378

379

**Mais Jésus voulait mourir
parce qu'il nous aimait.**

Les amis de Jésus mirent son corps dans une caverne appelée tombeau. Puis ils en bloquèrent l'entrée avec une grosse pierre.

Des soldats vinrent garder le tombeau.

385

386

**Le dimanche matin,
quelques femmes vinrent
au tombeau et quelle surprise !**

388

Les soldats étaient partis et la grosse pierre était roulée sur le côté.

389

Le corps de Jésus
n'était plus là !

391

392

Mais des anges étaient là pour annoncer la grande nouvelle aux femmes:

393

"JÉSUS EST VIVANT!"

Et il est vivant aujourd'hui parce qu'il est vraiment le Fils de Dieu.

Il est ressuscité, comme il l'avait dit.
Matthieu 28.6

1. Qu'est-ce que les gens qui n'aimaient pas Jésus lui firent ?

2. Quelle est la bonne nouvelle que les anges annoncèrent aux femmes?

Paul
et la brillante lumière

**Paul était pharisien,
un enseignant
religieux des Juifs.**

Un jour, il entendit un homme nommé
Etienne parler de Jésus.

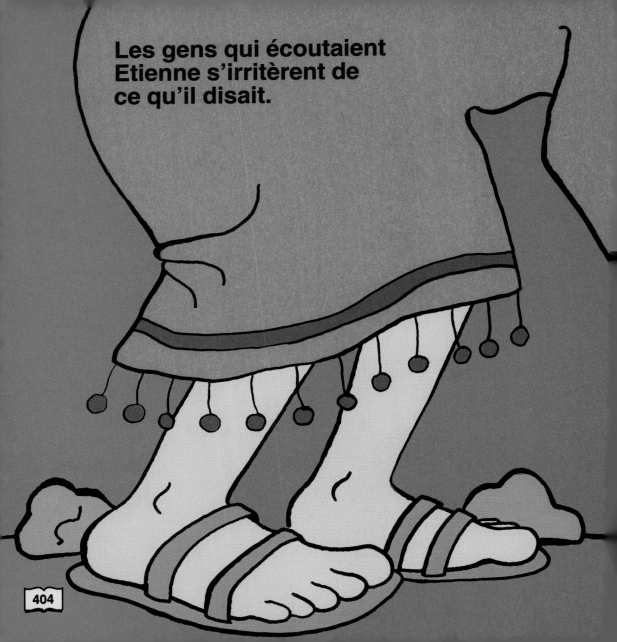

Les gens qui écoutaient
Etienne s'irritèrent de
ce qu'il disait.

Ils prirent des pierres et les lancèrent à Etienne.

Puisque les pharisiens n'aimaient pas Jésus, non plus, Paul fut content d'aider. Il prit les manteaux de ces gens pour qu'ils soient plus à l'aise pour lancer des pierres.

Et il se réjouit
de la mort d'Etienne.

Paul voulait empêcher d'autres gens de parler de Jésus.

Les pharisiens dirent à Paul de saisir les disciples de Jésus et de les mettre en prison.

410

411

**Paul partit pour une ville appelée
Damas y chercher des disciples
de Jésus. Avant d'y parvenir,
une brillante lumière
venue du ciel l'aveugla.**

413

414

Pendant que la lumière brillait sur lui, Jésus parla à Paul du haut du ciel.

Paul devint un disciple de Jésus, lui aussi !

La brillante lumière avait
rendu Paul aveugle, aussi
fut-il conduit jusqu'à la ville.

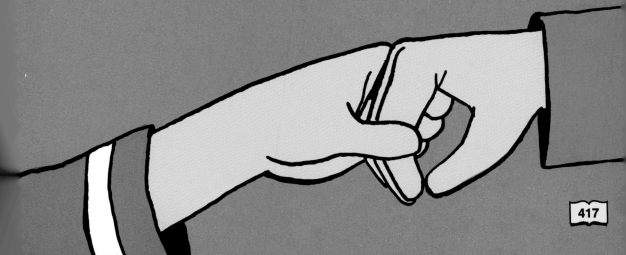

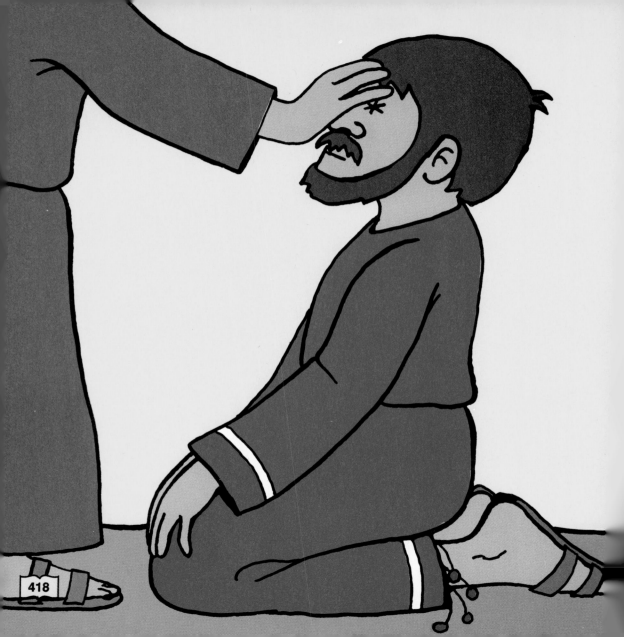

Trois jours plus tard, Ananias, un autre disciple de Jésus, fut envoyé par Dieu pour aider Paul à recouvrer la vue.

D'abord les disciples de Jésus pensaient qu'il s'agissait d'une ruse de Paul pour les saisir et on ne peut pas leur en vouloir d'avoir pensé ainsi !

Mais enfin tout le monde le crut.
Puis les pharisiens essayèrent d'empêcher
Paul de parler de Jésus!

**Même si Paul avait d'abord été
un ennemi de Jésus,
Dieu avait une tâche pour lui.**

**Par Paul, la bonne nouvelle
de Jésus se répandit
dans le monde entier.**

Que votre lumière brille.
Matthieu 5.16

1. Qu'est-ce Paul fit quand il crut en Jésus ?

2. A qui Paul parla-t-il de Jésus ?